PIRATES ET CRÉATURES MARINES

30 Illustrations à Colorier en Mode Pop Art

3VM
EDITION

Félicitations !

Tu vas pouvoir nous montrer ta fibre artistique !

Voici quelques astuces avant de commencer...

• Mets une feuille derrière la planche sur laquelle tu travailles, afin d'éviter qu'elle ne déteigne sur la prochaine;

• Évite d'utiliser des feutres à alcool pour ne pas abîmer ton support;

• Suis notre page Instagram (Flash le QR code ci-dessous) et Montre nous tes plus belles réalisations en nous taggant : nous serons ravis de les partager !

Cela te permettra également d'être au courant des sorties de nos prochains livres de coloriage!

Merci à toi pour ta confiance !

N'hésite pas à nous laisser un avis sur Amazon afin de nous encourager à créer toujours plus de contenu !

www.instagram.com/3vmedition_ShareMyArtwork
www.facebook.com/ShareMyArtwork
www.pinterest.fr/3vmedition_ShareMyArtwork

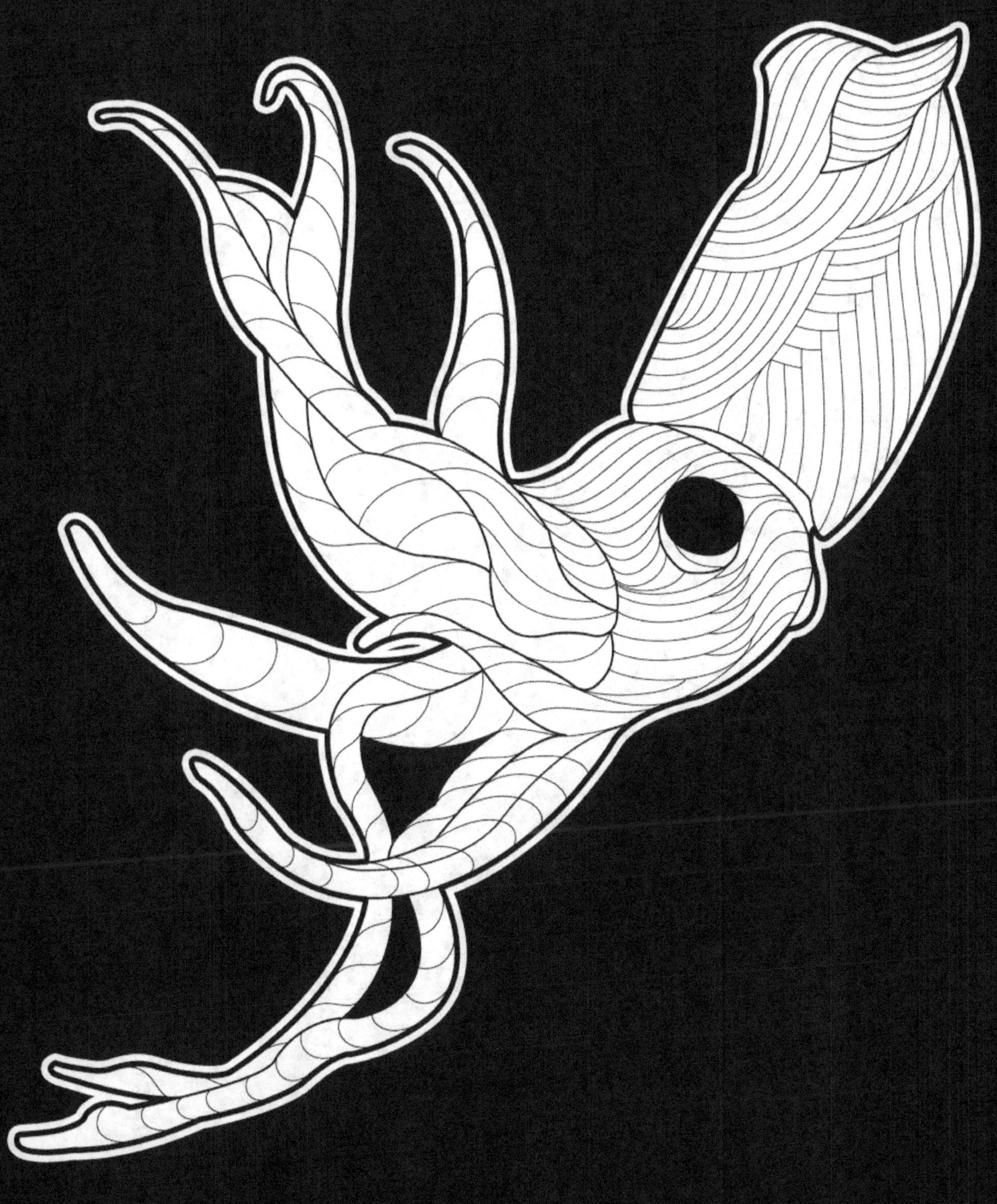

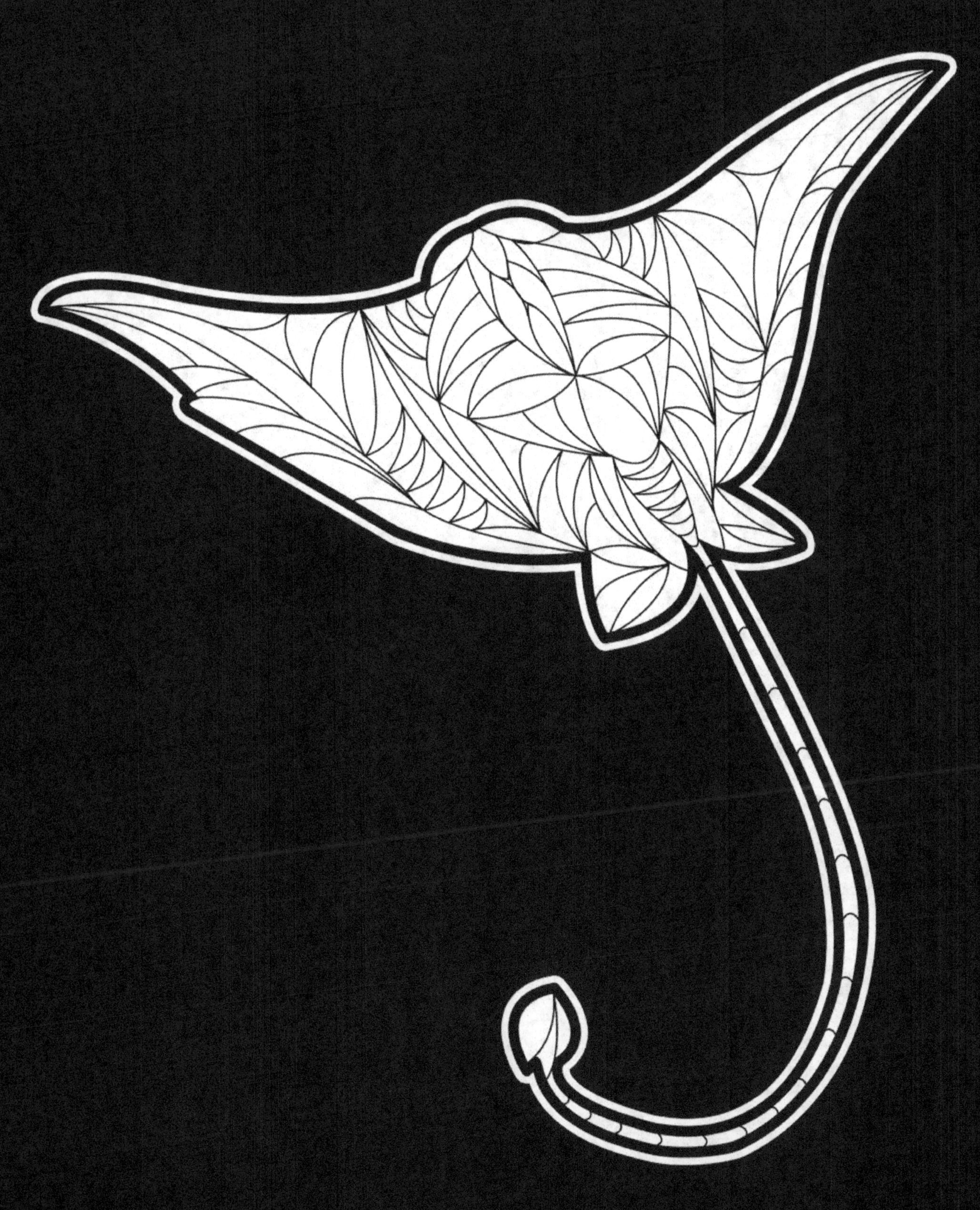

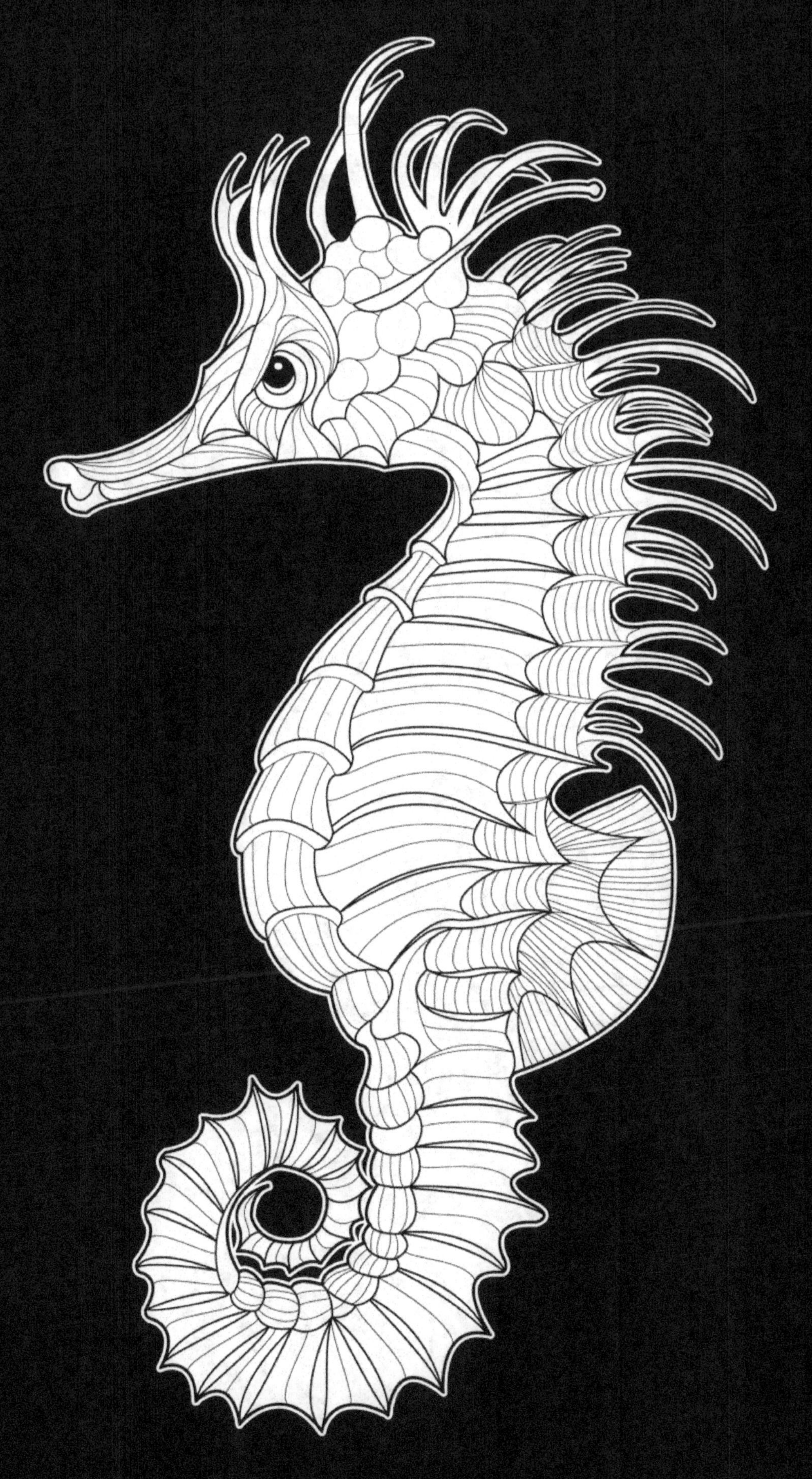

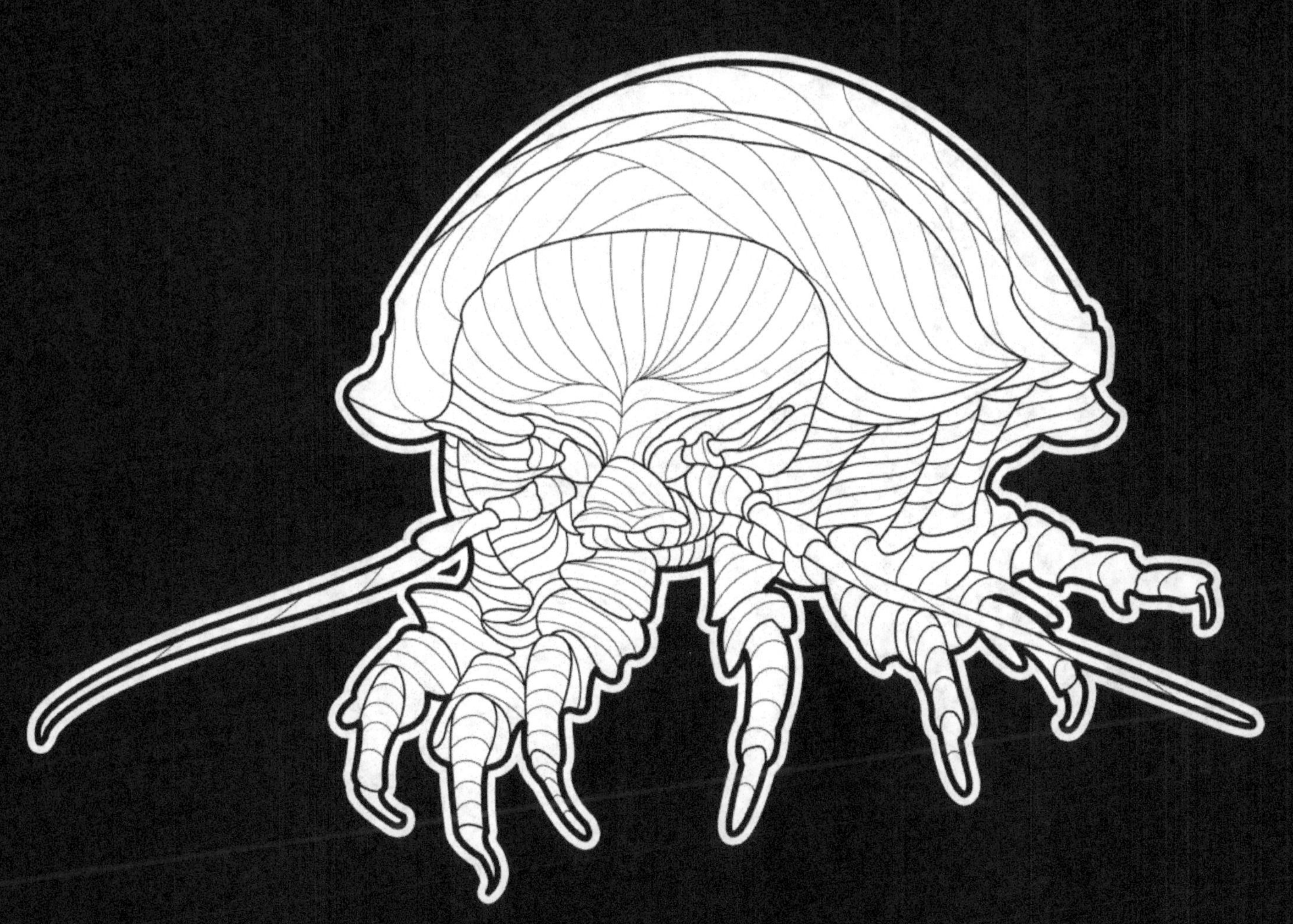

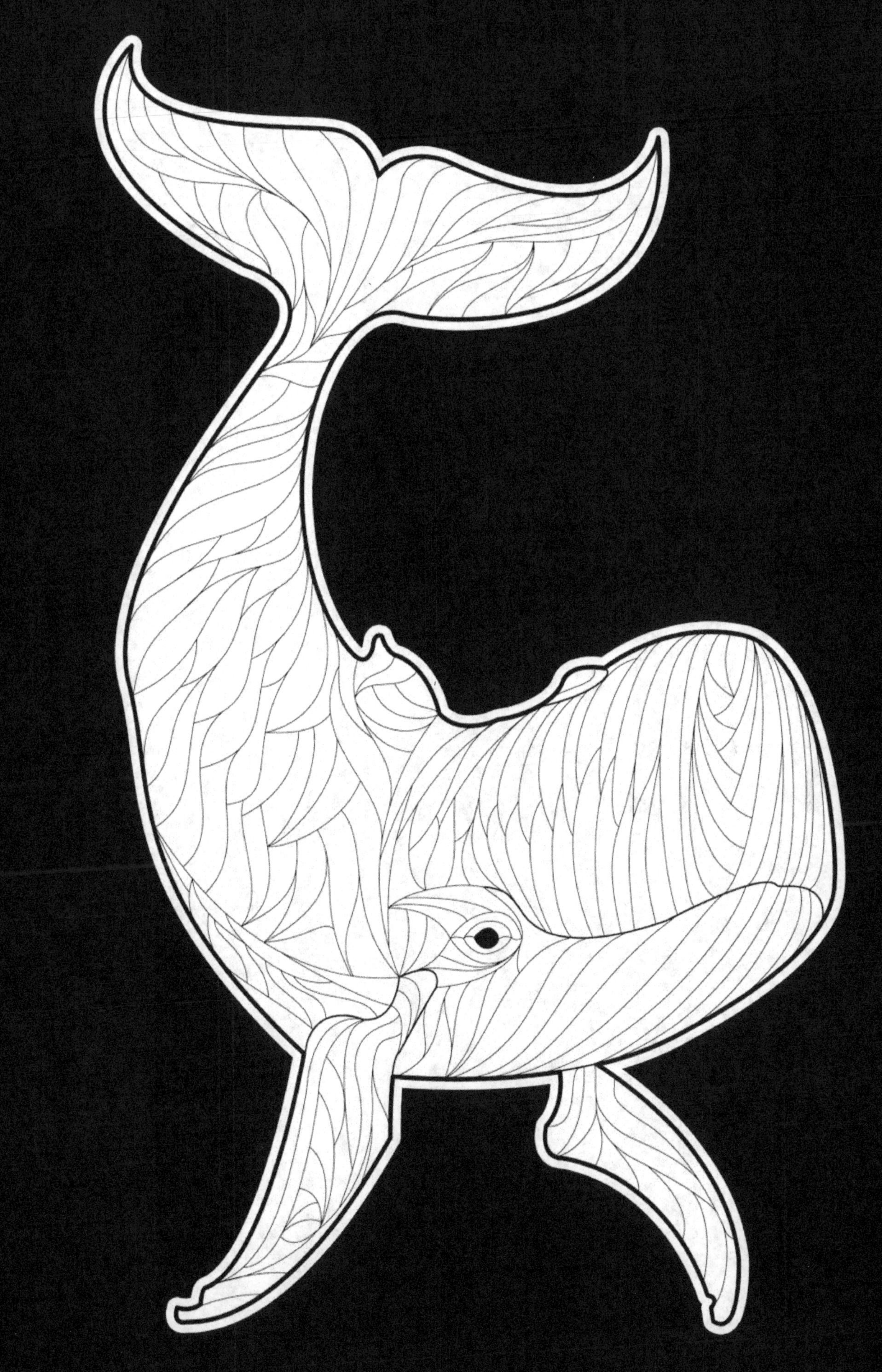

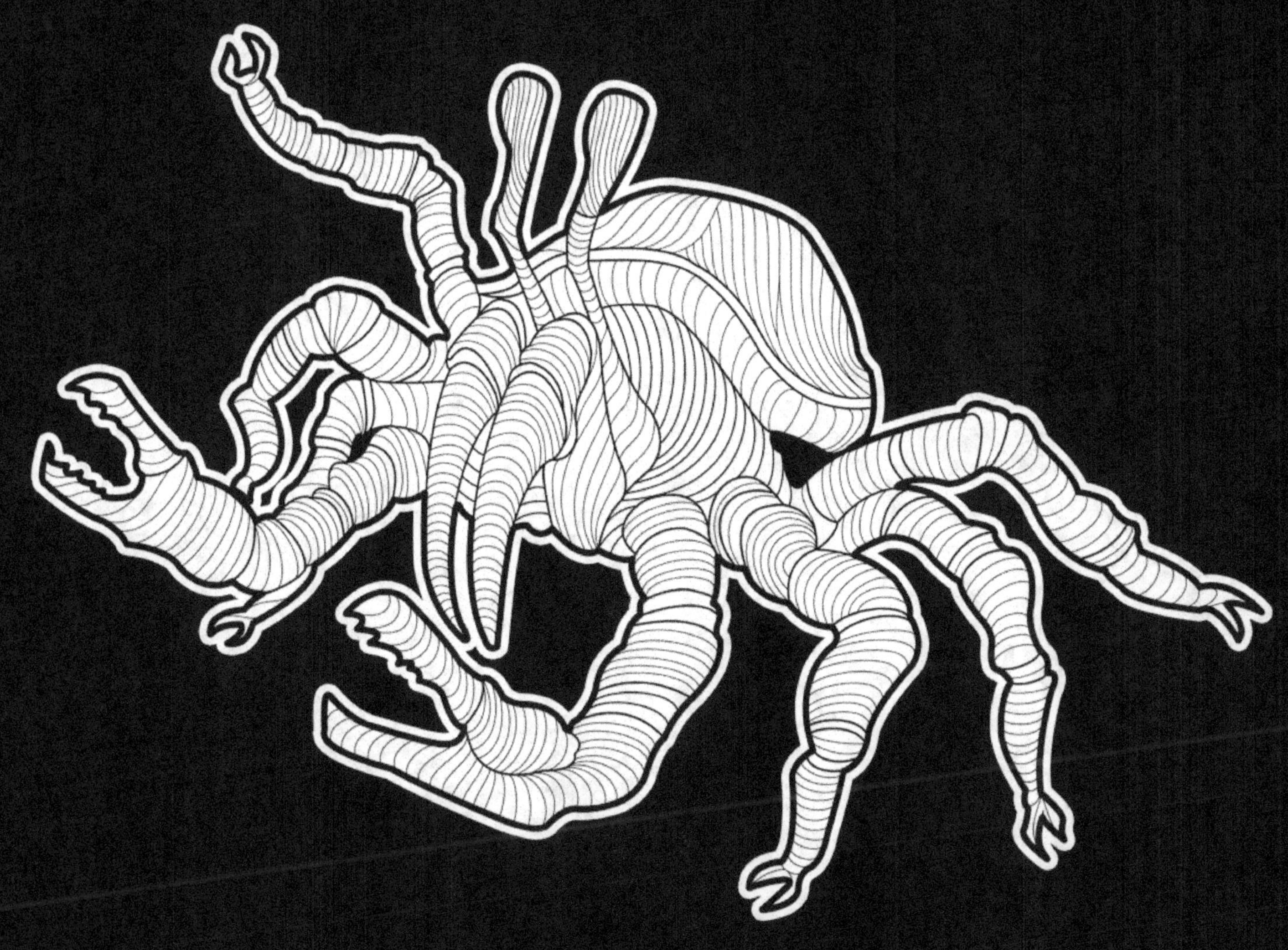

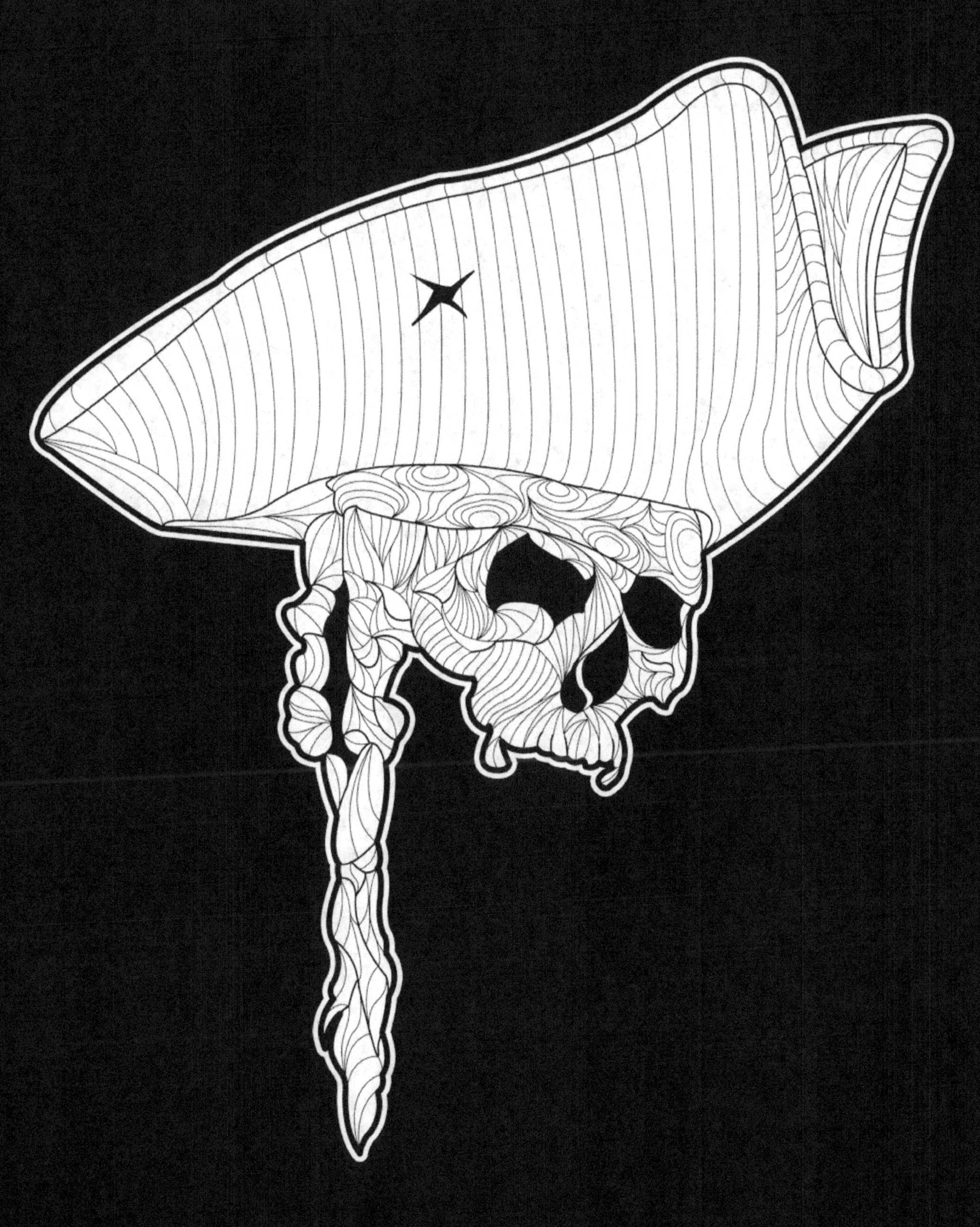

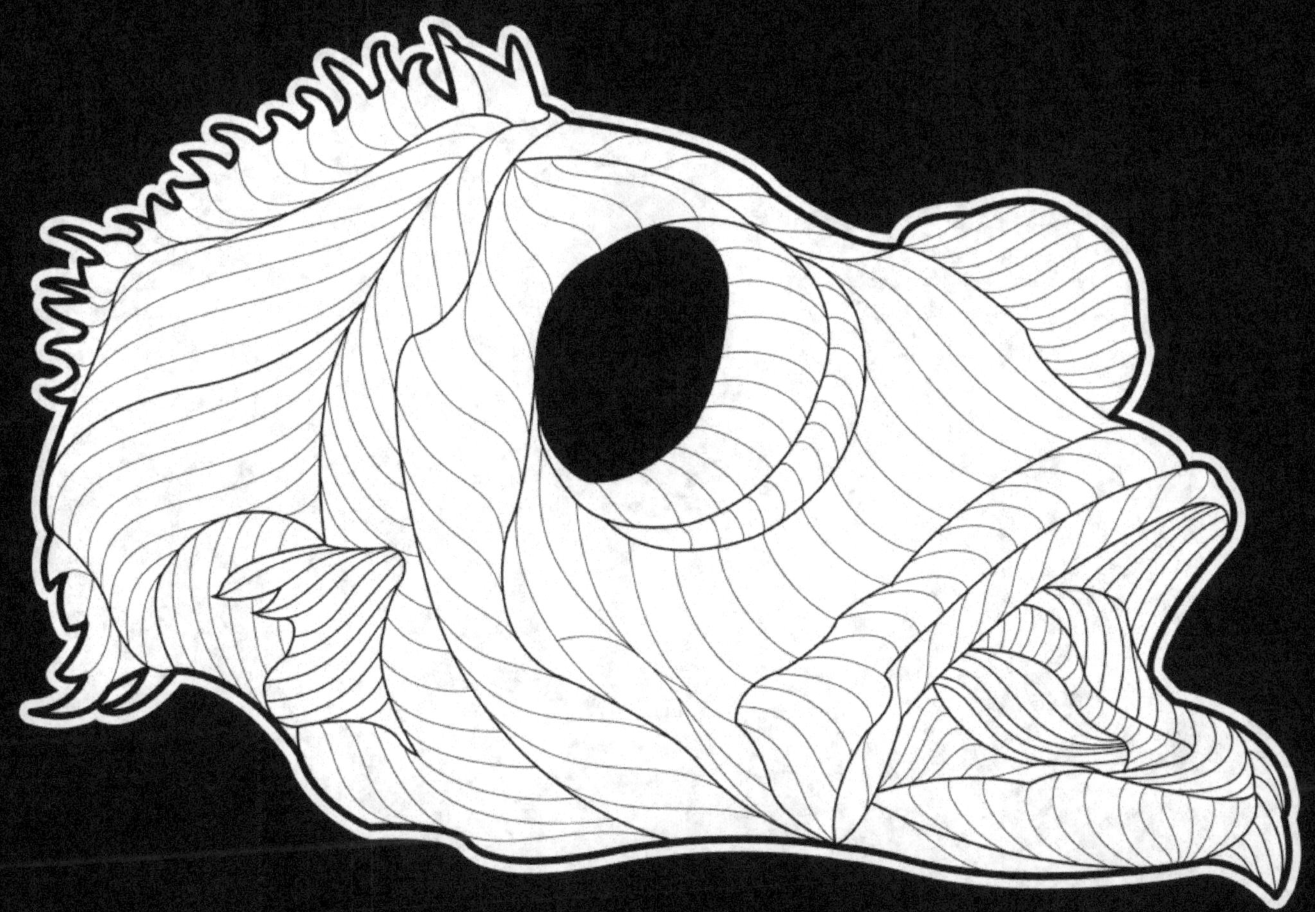

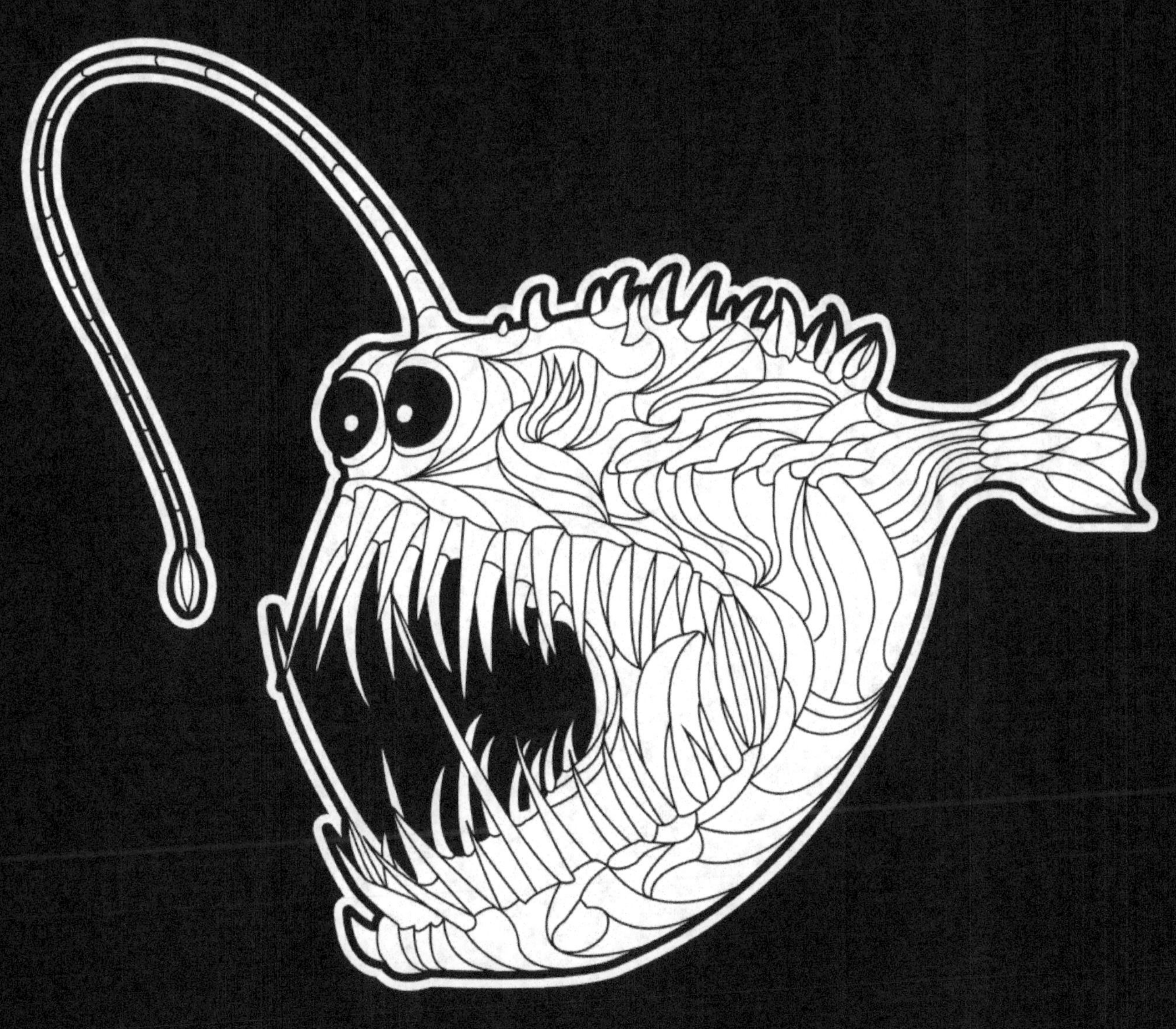

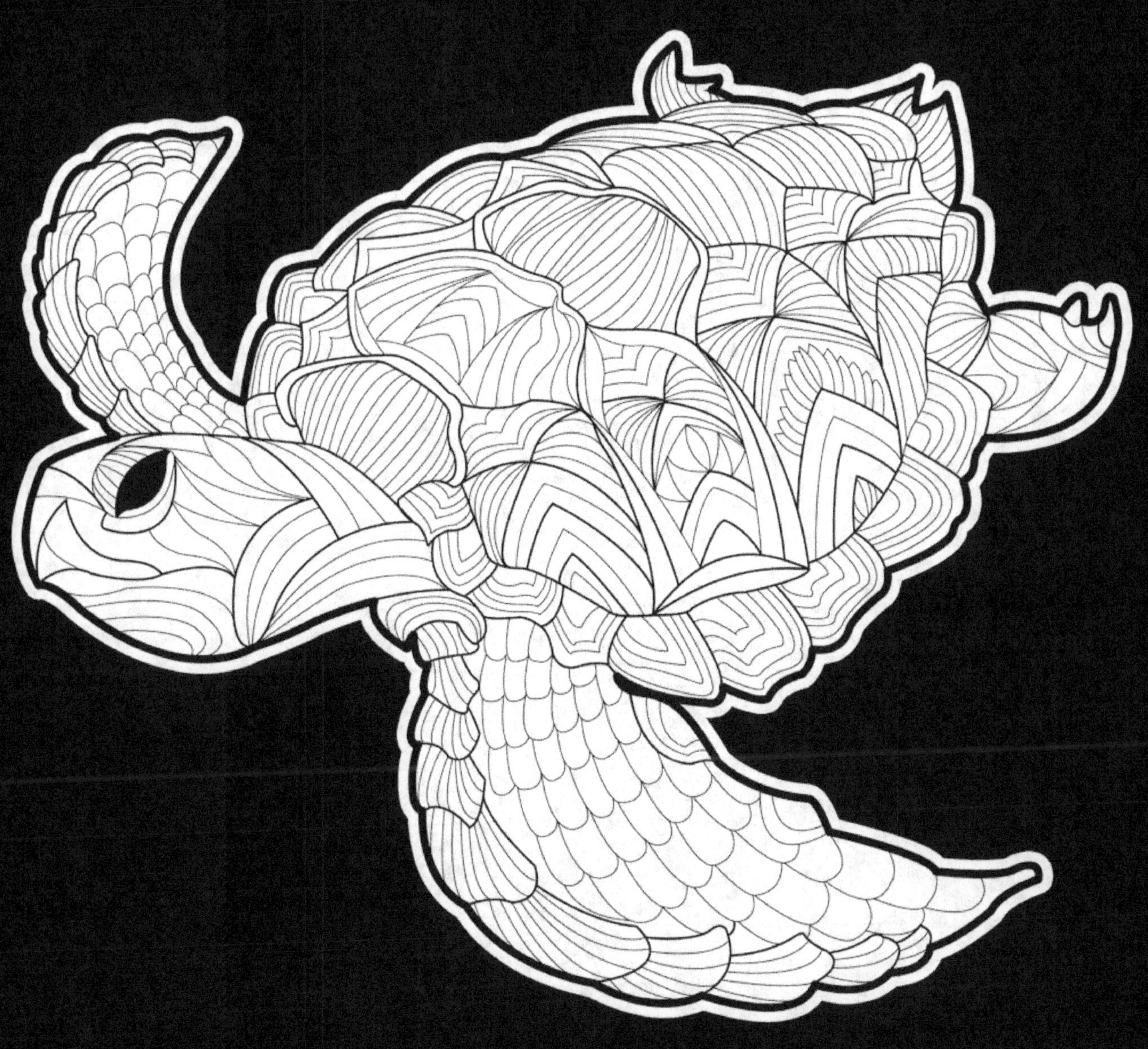

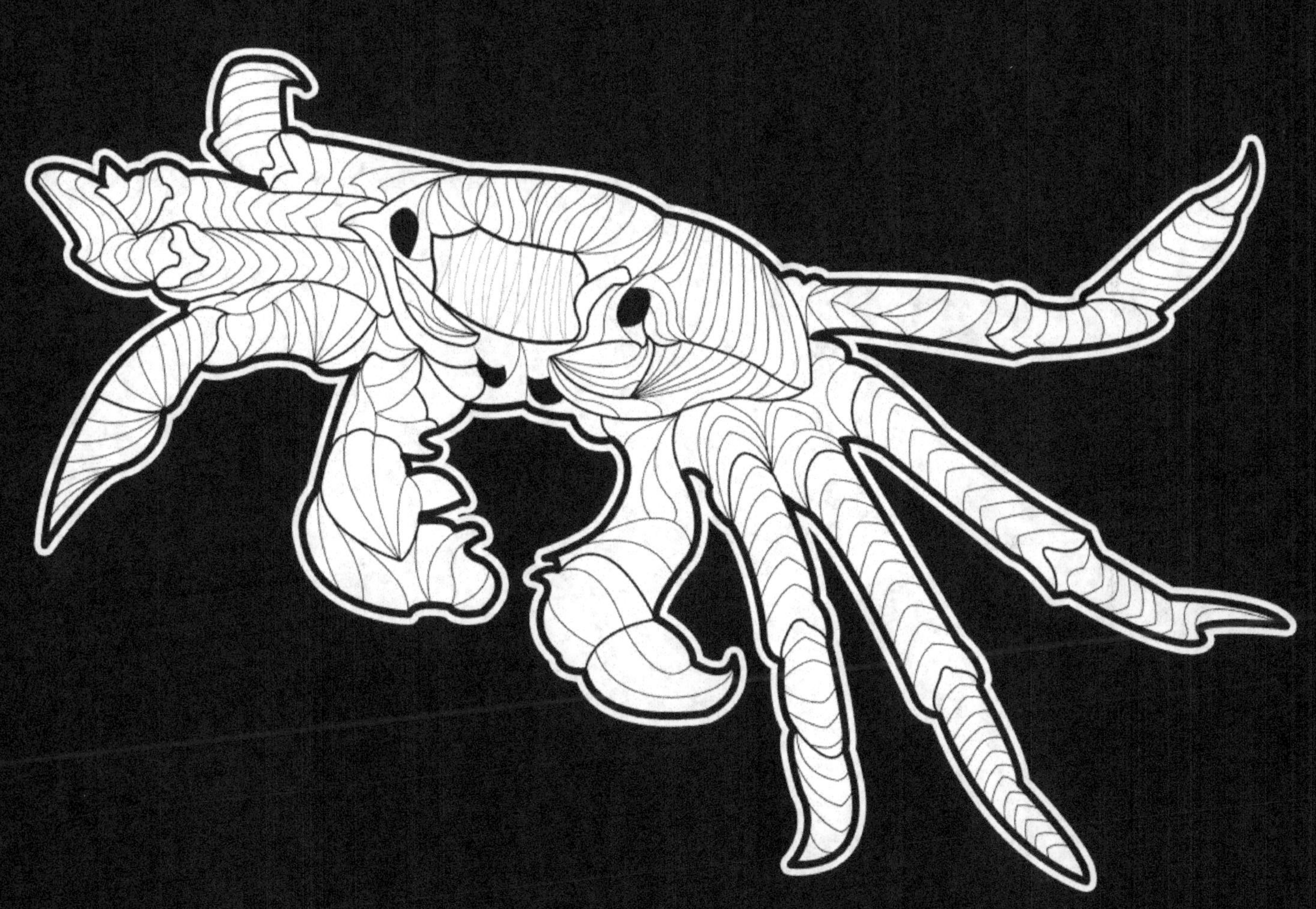

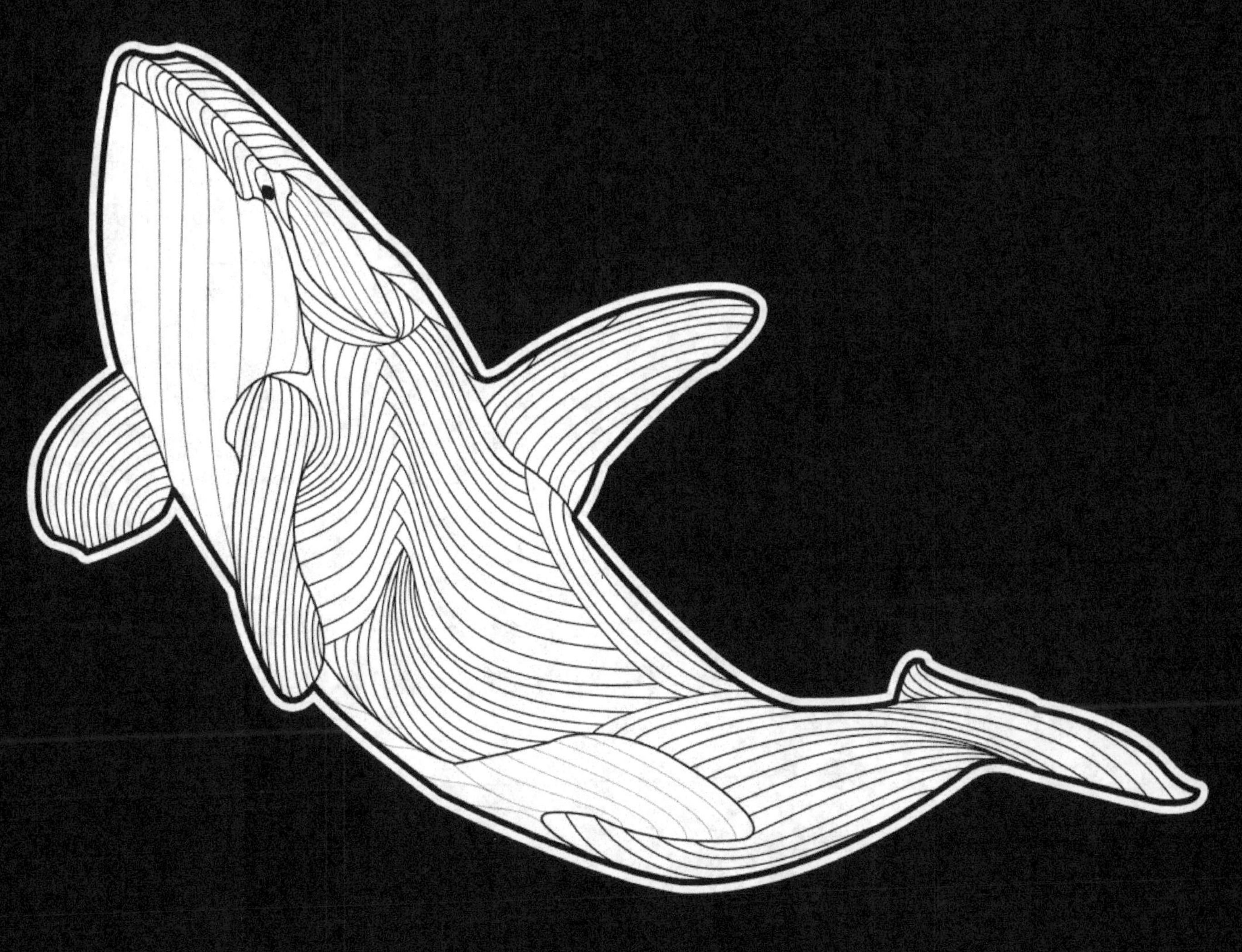